Fortsetzung auf Seite 3 des Umschlages

Hilfsbüchlein

für die Vorlesungen

über

Institutionen, Geschichte und Zivilprozeß des Römischen Rechts

Von

Richard Schott

o. Professor in Breslau

Zweite Auflage

Berlin und Leipzig 1933

Walter de Gruyter & Co.

vormals G. J. Göschen'sche Verlagshandlung — J. Guttentag, Verlagsbuchhandlung — Georg Reimer — Karl J. Trübner — Veit & Comp.

Archiv-Nr. 23 04 33

Inhaltsverzeichnis.

III. Zivilprozeß.

Vorbemerkung.

Der Verfasser gab früher zusammen mit Otto Fischer das in mehreren Auflagen erschienene „Hilfsbüchlein für den Römischen Zivilprozeß" heraus, das nach Inhalt und Art aus den beiderseitigen Vorlesungsbeilagen zusammengesetzt war. Unter Zustimmung der übrigen Breslauer Romanisten war es zunächst bloß für den hiesigen Vorlesungsgebrauch gedacht, fand aber auch außerhalb Breslaus unter den romanistischen Kollegen Liebhaber.

In diesem Büchlein ist der Verfasser in dem den Römischen Zivilprozeß behandelnden Teil im wesentlichen zur Art seiner eigenen früheren Beilagen zurückgekehrt. Zugleich hat er damit für die Vorlesung über Römische Rechtsgeschichte Beispiele für die Entwicklung der Gesetzestechnik und für die Institutionenvorlesung Beispiele für Rechtsgeschäfte verbunden, um auch für die durch die Studienreform eingeführten Besprechungsstunden bequemes Material an die Hand zu geben. Nicht aber war es Aufgabe dieses bescheidenen Büchleins, damit Erklärungen oder Kritik zu verbinden. Eine auch nur annähernde Vollständigkeit der Beispiele ließ sich nicht erreichen, weil es an Originalurkunden fehlt und Rekonstruktionen nicht allzuviel Wert hätten. Bei der aus Verlagsgründen notwendigerweise beschränkten Auswahl der Urkunden wurde aber Bedacht darauf genommen, Urkunden mit möglichst vielseitigem, nicht bloß mit der Überschrift sich deckenden Inhalt wiederzugeben.

Soweit nichts anderes bemerkt, sind die Urkunden mit Text und Ergänzungen aus Bruns, Fontes iuris Romani antiqui, 7. Aufl., ed. Gradenwitz, die Formeln des Formularprozesses, soweit sie rekonstruiert sind, aus Lenels Edictum perpetuum, 3. Aufl., entnommen.

I. Gesetzestechnik.

1. Leges regiae.

1. Si qui hominem liberum dolo sciens morti duit, paricidas esto.

2. Si parentem puer verberit, ast olle plorassit, puer divis parentum sacer estod. Si nurus sacra divis parentum estod.

3. Vino rogum ne respargito.

4. Paelex aram Junonis ne tangito; si tanget, Junoni crinibus demissis agnum feminam caedito.

5. Si hominem fulmen occisit, ne supra genua tollito. Homo si fulmine occisus est, ei iusta nulla fieri oportet.

2. Leges duodecim tabularum.
(a. 450 a. C.)

Beispiele siehe unten unter Zivilprozeß bei Ladung, Verhandlung und Legis actio per manus iniectionem. Ferner aus:

Tab. 3. Adversus hostem aeterna auctoritas.

Tab. 4. Si pater filium ter venum duit, filius a patre liber esto.

Tab. 5. Uti legassit super pecunia tutelave suae rei, ita ius esto.

Tab. 6. Cum nexum faciet mancipiumque, uti lingua nuncupassit, ita ius esto.

Tab. 8. Si membrum rupsit, ni cum eo pacit, talio esto.
Si nox furtum faxsit, si im occisit, iure caesus esto.
Patronus si clienti fraudem fecerit, sacer esto.

Tab. 9. Privilegia ne inroganto.

3. Beispiele späterer Gesetze.

1. **Lex Aquilia de damno.** (a. 287 a. C.?)

(Gaius l. VII ad ed. prov.: Lege Aquilia capite primo cavetur:)

Si quis servum servamve alienum alienamve quadrupedemve pecudem iniuria occiderit, quanti id in eo anno plurimi fuit, tantum aes ero dare damnas esto.

(Gaius inst. 3,215: Capite secundo adversus adstipulatorem, qui pecuniam in fraudem stipulatoris acceptam fecerit, quanti ea res est, tanti actio constituitur.)

(Ulpianus l. XVIII ad edictum: Tertio autem capite ait eadem lex Aquilia:)

Ceterarum rerum (praeter hominem et pecudem occisos) si quis alteri damnum faxit, quod usserit fregerit ruperit iniuria, quanti ea res erit in diebus XXX proximis, tantum aes ero dare damnas esto.

2. **Lex Falcidia.** (a. 40 a. C.)

(Paulus l. sing. ad l. Falc.: Lex Falcidia lata est, quae primo capite liberam legandi facultatem dedit his verbis:)

Qui cives Romani sunt, qui eorum post hanc legem rogatam testamentum facere volet, ut eam pecuniam easque res quibusque dare legare volet, ius potestasque esto, ut hac lege sequenti licebit.

(Secundo capite modum legatorum constituit his verbis:)

Quicumque civis Romanus post hanc legem rogatam testamentum faciet, is quantam cuique civi Romano pecuniam iure publico dare legare volet, ius potestasque esto, dum ita detur legatum, ne minus quam partem quartam hereditatis eo testamento heredes capiant, eisque, quibus quid ita datum legatumve erit, eam pecuniam sine fraude sua capere liceto isque heres, qui eam pecuniam dare iussus damnatus erit, eam pecuniam debeto dare, quam dare damnatus est.

3. **Weitere Beispiele**

siehe unten unter Praediorum obligatio aus der Lex municipalis Malacitana und unter Zivilprozeß aus der Lex Rubria.

4. Senatus consulta.

1. **SC. de philosophis et rhetoribus.** (a. 161 a. C.)

(Suetonius de claris rhetoribus c. 1: vetus SC., item censorium edictum subiciam:)

C. Fannio Strabone, M. Valerio Messala cos.

M. Pomponius praetor senatum consuluit.

Quod verba facta sunt de philosophis et de rhetoribus, de ea re ita censuerunt: ut M. Pomponius praetor animadverteret curaretque, uti ei e republica fideque sua videretur, uti Romae ne essent.

2. **SC. Vellaeanum.** (a. 46 p. C.).

(Ulpianus XXIX ad edictum: Postea factum est SC., — cuius SCti verba haec sunt:)

Quod M. Silanus et Velleus Tutor cos. verba fecerunt de obligationibus feminarum, quae pro aliis reae fierent, quid de ea re fieri oportet,

de ea re ita censuere: quod ad fideiussiones et mutui dationes pro aliis, quibus intercesserint feminae, pertinet: tametsi ante videtur ita ius dictum esse, ne eo nomine ab his petitio sit neve in eas actio detur, cum eas virilibus officiis fungi et eius generis obligationibus obstringi non sit aequum, arbitrari senatum, recte atque ordine facturos, ad quos de ea re in iure aditum erit, si dederint operam, ut in ea re senatus voluntas servetur.

3. **SC. Macedonianum.** (a. 69—79 p. C.)

(Ulp. l. XXIX ad ed.: Verba SCti Macedoniani haec sunt:)

Cum inter ceteras sceleris causas Macedo, quas illi natura administrabat, etiam aes alienum adhibuisset et saepe materiam peccandi malis moribus praestaret, qui pecuniam ne quid amplius diceretur incertis nominibus crederet: placere, ne cui, qui filio familias mutuam pecuniam dedisset, etiam post mortem parentis eius, cuius in potestate fuisset, actio petitioque daretur: ut scirent qui pessimo exemplo faenerarent, nullius posse filii familias bonum nomen exspectata patris morte fieri.

5. Edicta Praetorum.

1. **De in integrum restitutionibus.**

a) Quod metus causa gestum erit, ratum non habebo . . .

b) Quae dolo malo facta esse dicentur, si de his rebus alia actio non erit et iusta causa esse videbitur, intra annum iudicium dabo.

c) Quod cum minore quam viginti quinque annis natu gestum esse dicetur, uti quaeque res erit, animadvertam.

2. **De pactis et conventionibus.**

Pacta conventa, quae neque dolo malo neque adversus leges plebis scita senatus consulta edicta decreta principum neque quo fraus cui eorum fiat facta erunt, servabo.

3.

Si quis negotia alterius sive quis negotia, quae cuiusque cum is moritur fuerint, gesserit, iudicium eo nomine dabo.

4. **Commodati.**

Quod quis commodasse dicetur, de eo iudicium dabo.

5. **De his qui deiecerint vel effuderint.**

Unde in eum locum, quo volgo iter fiet vel in quo consistetur, deiectum vel effusum quid erit, quantum ex ea re damnum datum factumve erit, in eum, qui ibi habitaverit, in duplum iudicium dabo. Si eo ictu homo liber perisse dicetur, sestertium quinquaginta milium nummorum iudicium dabo.

6. **De aleatoribus.**

Si quis eum, apud quem alea lusum esse dicetur, verberaverit damnumve ei dederit sive quid eo tempore e domo eius subtractum erit, iudicium non dabo. in eum, qui aleae ludendae causa vim intelurit, uti quaeque res erit, animadvertam . . .

7. **Vi bonorum raptorum et de turba.**

Si cui dolo malo hominibus coactis damni quid factum esse dicetur sive cuius bona rapta esse dicentur, in eum, qui id fecisse dicetur, iudicium dabo. item si servus fecisse dicetur, in dominum iudicium noxale dabo. Cuius dolo malo in turba damni quid factum esse dicetur, in eum in anno, quo primum de ea re experiundi potestas fuerit, in duplum, post annum in simplum iudicium dabo.

8. **De iniuriis.**

a) Qui autem iniuriarum agit, certum dicat, quid iniuriae factum sit, et taxationem ponat non maiorem quam quanti vadimonium fuerit.

b) Qui adversus bonos mores convicium cui fecisse cuiusve opera factum esse dicetur, quo adversus bonos mores convicium fieret: in eum iudicium dabo.

c) Ne quid infamandi causa fiat. si quis adversus ea fecerit, prout quaeque res erit, animadvertam.

6. Constitutiones principum.

1. **Decretum divi Marci über Verbot der Selbsthilfe.**

L. 13. D. quod metus causa 4, 2.

Exstat enim Decretum divi Marci in haec verba: Optimum est, ut, si quas putas te habere petitiones, actionibus experiaris. Cum Marcianus diceret: vim nullam feci, Caesar dixit: tu vim putas esse solum, si homines vulnerentur? Vis est et tunc, quoties quis id, quod deberi sibi putat, non per iudicem reposcit. Quisquis igitur probatus mihi fuerit rem ullam debitoris vel pecuniam debitam non ab ipso sibi sponte datam, sine ullo iudice temere possidere vel accepisse isque sibi ius in eam rem dixisse, ius crediti non habebit.

2. **Rescripta.**

a) L. 1. § 3. D. de legitimis tutoribus 26, 4.

. . . Nam generaliter Divus Pius rescripsit Aurelio Basso, ius patroni eum non habere, his verbis: „Plane tergiversatio eorum, qui subvertere fideicommissam libertatem velint, eo modo puniatur, ne ius patroni acquirant in eo, quem liberum esse nolunt.“

b) L. 9. § 5. D. de iuris et facti ignorantia 22, 6.

Si quis ius ignorans lege Falcidia usus non est, nocere ei dicit epistola Divi Pii. Sed et imperatores Severus et Antoninus in haec verba rescripserunt: „Quod ex causa fideicommissi indebitum datum est, si non per errorem solutum est, repeti non potest quamobrem Cargiliani heredes qui etc (folgt die Entscheidung des vorliegenden Falles)... Quodsi ideo repetitionem eius pecuniae habere credunt, quod imperitia lapsi legis Falcidiae beneficio usi non sunt, sciant, ignorantiam facti, non iuris prodesse, nec stultis solere sucurri sed errantibus."

II. Privatrecht.

1. Stipulationes.

1. L. 126. § 2. D. de verborum obligationibus 45, 1.

Chrysogonus, Flavii Candidi servus actor, scripsi coram subscribente et assignante domino meo accepisse eum a Julio Zosa, rem agente Julii Quintiliani absentis, mutua denaria mille; quae dari Quintiliano heredive eius, ad quem ea res pertinebit, kalendis Novembribus, quae proximae sunt futurae, stipulatus est Zosas libertus et rem agens Quintiliani; spopondit Candidus, dominus meus; sub die suprascripta si satis eo nomine factum non erit, tunc, quo post solvetur, usurarum nomine denarios octo praestari, stipulatus est Julius Zosas, spopondit Flavius Candidus, dominus meus, subscripsit et dominus; (respondi: per liberam personam . . . obligationem nullam acquirere possumus).

2. L. 40. D. de rebus creditis 12, 1. (Lex Lecta.)

Lecta est in auditorio Aemilii Papiniani, Praefecto Praetorio, Juris consulti, cautio huiusmodi:

> Lucius Titius scripsi, me accepisse a Publio Maevio quindecim mutua numerata mihi de domo; et haec quindecim proba recte dari kalendis futuris stipulatus est Maevius Publius, spopondi ego Lucius Titius. Si die surpascripta summa Publio Maevio eive, ad quem ea res pertinebit, data soluta satisve eo nomine factum non erit, tunc eo amplius, quo post solvam, poenae nomine in dies triginta inque denarios centenos, denarios singulos dari stipulatus est Publius Maevius, spopondi ego Lucius Titius. Convenitque inter nos, uti Publio Maevio ex summa suprascripta menstruos refundere debeam denarios trecenos ex omni summa ei heredive eius.

3. **Stipulatio Aquiliana.**

L. 18. D. de acceptilatione 46, 4.

Quidquid te mihi ex quacunque causa dare facere oportet, oportebit, praesens in diemve, quarumque rerum mihi tecum actio, quaeque adversus te petitio, vel adversus te persecutio est eritve, quodve tu meum habes, tenes, possides, quanti quaeque earum rerum res erit, tantam pecuniam dari stipulatus est Aulus Agerius, spopondit Numerius Negidius. Quod Numerius Negidius Aulo Agerio promisit, spopondit, id haberetne a se acceptum, Numerius Negidius Aulum Agerium rogavit, Aulus Agerius Numerio Negidium acceptum fecit.

2. Apochae.

1. **Professiones in scripturam collatae.**

a) Diptychon a. 15 p. C.

HS. n. DXX ob mulum venditum M. Pomponio M. liberto Niconi, quam pequniam in stipulatum L. Caecili Felicis redegisse dicitur M. Cerrinius Euprates, eam pequniam omnem, quae supra scripta est, numeratam dixit se accepisse M. Cerrinius M. l. Euphrates ab Philadelpho Caecili Felicis servo. — Actum Pompeis V k. Iunias Druso Caesare C. Norbano Flacco cos.

b) Tript. a. 54.

HS. n. MCM LXXXV, quae pecuniae in stipulatu venit L. Caecili Iucundi ob auctionem buxiariam C. Iuli Onesimi in idus Iulias primas mercede minus numeratos accepisse dixit C. Iulius Onesimus ab M. Fabio Agathino nomine L. Caecili Iucundi. — Actum Pompeis VI idus Maias M'.Acilio Aviola M. Asinio Marcello cos. (octo signatores).

2. **Chirographum.**

Tript. a. inc.

. . . L. Iunio cos. VI k. Septembres P. Alfenus Varus, trecenarius Augussti scripsi me accepisse ab L. Caecilio Iuqundo HS viginti quinque quadringentos triginta novem nummos ex auctione venaliciaria P. Alfeni Pollionnis de.

N. Epri Niciae pro parte eius, quam stipulatus est ex delegatu eorum. — Acctum . . . statione Nucherina. (quinque signa, bina utriusque Alfeni.)

3. **Professio cum chirographo coniuncta.**

Tript. a. 57.

Scr. int.: HS n. Iↄↄ MMM DLXII (8562), quae pecunia in stipulatum L. Caecili Iucundi venit ob auctionem Tulliae Lampuridis, mercede minus, persoluta habere se dixsit Tullia Lampyris ab L. Caecilio Iucundo. — Act. Pomp. X k. Ianuar. Nerone Caesare II L. Caesio Martiale cos.

3. Mancipationes.

1. **Bericht des Gaius I. 119.**

Est autem mancipatio imaginaria quaedam venditio; quod et ipsum ius proprium civium Romanorum est, eaque res ita agitur: adhibitis non minus quam quinque testibus civibus Romanis puberibus et praeterea alio eiusdem condicionis, qui libram aeneam teneat, qui appellatur libripens, is qui mancipio accipit, aes tenens ita dicit „hunc ego hominem ex iure Quiritium meum esse aio isque mihi emptus esto hoc aere aeneaque libra" deinde aere percutit libram idque aes dat ei a quo mancipio accipit quasi pretii loco.

2. **Formular für eine Mancipatio fiduciae causa.**

(Saec. I—II p. C.)

Dama L. Titi servus fundum Baianum, qui est in agro, qui Veneriensis vocatur, pago Olbensi, uti optumus maxumusque esset, HS nummo I et hominem Midam HS nummo I fidi fiduciae causa mancipio accepit ab L. Baianio, libripende —, antestato —. Adfines fundo dixit L. Baianius L. Titium et C. Seium et populum et si quos dicere oportet.

Pactum comventum factum est inter Damam L. Titi servum et L. Baianium: quam pecuniam L. Titius L. Baianio dedit dederit, credidit crediderit, expensumve tulit tulerit, sive quid pro eo promisit promiserit, spopondit spoponderit, fideve quid sua esse iussit iusserit, usque eo is fundus eaque mancipia fiduciae essent, donec ea omnis pecunia fidesve persoluta L. Titi soluta liberataque esset; si pecunia sua quaque die L. Titio heredive eius data soluta non esset, tum uti eum fundum eaque mancipia, sive quae mancipia ex is vellet L. Titius heresve eius vellet, ubi et quo die vellet, pecunia praesenti venderet. Mancipio pluris HS nummo I invitus ne daret . .

3. **Mancipatio donationis causa.**
Donatio Statiae Irenes. (252 p. C.)

Monumentum, quot est via triumphale inter miliarum secundum et tertium euntibus ab urbe parte laeva, in clivo Cinnae, et est in agro Aureli Primiani fictoris pontificum cc. vv. et appellatur Terentianorum, iuxta monumentum Claudi quondam Proculi et si qui ali atfines sunt et qua quemque tangit et populum, Statia Irene, ius liberorum habens, M. Licinio Timotheo donationis mancipationisque causa HS nummo I mancipio dedit, libripende Claudio Dativo, antestato Cornelio Victore; inque vacuam possessionem monumenti supra scripti cessit, et ad id monumentum itum aditum ambitum aquae haustum, coronare, vesci, mortuum mortuas mortuosve ossa inferre uti liceat.

Quot mihi Licinnio Timotheo tu Statia Irene ius liberorum habens monumentum supra scriptum SS nummo I mancipio dedisti, de ea re dolum abesse afuturumque esse a te, herede tuo et ab his omnibus, ad quos ea res pertinebit, haec sic recte dari fieri praestarique stipulatus est Licinius Timoteus, spopondit Statia Irene ius liberorum habens.

Actum pr. kal. Aug. impp. dd. $\overline{\text{nn}}$. Gallo Aug. $\overline{\text{II}}$. et Volusiano Aug. coss.

Isdem coss. eadem die Statia Irene ius liberorum habens, donationi monumenti supra scripti sicut supra scriptum est, consensi, subscripsi . . . et atsignavi. ∾ Actum . . .

4. Emptiones.

1. **Emptio pueri.** (a. 142 p. C.)

Dasius Breucus emit mancipioque accepit puerum Apalaustum, sive is quo alio nomine est, natione Grecum, apocatum pro uncis duabus X DC de Bellico Alexandri, fide rogato M. Vibio Longo. Eum puerum sanum traditum esse, furtis noxaque solutum, erronem, fugitium, caducum non esse, prestari, et si quis eum puerum quo de agitur partenve quam quis ex eo evicerit, quo minus emptorem supra scriptum, eunve ad quem ea res pertinebit, uti frui habere possidereque recte liceat, tunc quantum id erit, quod ita ex eo evictum fuerit, tantam pecuniam duplam probam recte dari fide rogavit Dasius Breucus, dari fide promisit Bellicus Alexandri, idem fide sua esse iussit Vibius Longus; proque eo puero, qui supra scriptus est, pretium eius X DC accepisse et habere se dixit Bellicus Alexandri ab Dasio Breuco.

Actum kanabis legionis XIII geminae, XVII kal. Iunias Rufino et Quadrato cos.

2. **Emtio domus.** (a. 159 p. C.)

Andueia Batonis emit mancipioque accepit domus partem dimidiam, interantibus partem dextram, que est Alburno maiori vico Pirustarum inter adfines Platorem Acceptianum et Ingenum Callisti X trecentis de Veturio Valente. Eam domus partem dimidiam, qua de agitur, cum suis saepibus, saepimentis, finibus, aditibus, claustris, fienestris, ita uti clao fixsa et optima maximaque est, habere recte liceat; et si quis eam domum partemve quam quis ex ea evicerit quo minus Andueia Batonis eive, ad quem ea res pertinebit, habere possidere usuque capere recte liceat; quod ita licitum non erit, tantam pecuniam recte dari, fide rogavit Andueia Batonis, fide promisit Veturius Valens. Proque ea domu partem dimidiam pretium X CCC Veturius Vales ab Andueia Batonis accepisse et abere se dixit. Convenitque inter eos, uti Veturius Valens pro ea domo tributa usque ad recensum dependat.

Actum Alburno maiori prid. nonas Maias Quintillo et Prisco cos. (Nom. sign.:) L. Vasidius Victor signavit. T. Fl. Felicis. M. Lucani Melioris. Platoris Carpi. T. Aureli Prisci. Batonis Annaei. Veturi Valentis venditoris.

5. Mutuum mit fideiussio. (a. 162 p. C.)

2. X $\overline{\text{LX}}$ qua die petierit, probos recte dari fide rogavit Iulius Alexander, dari fide promisit Alexander Caricci, et se eos X $\overline{\text{LX}}$, qui supra scripti sunt, mutuos numeratos accepisse et debere se dixit; et eorum usuras ex hac die in dies $\overline{\text{XXX}}$ Ↄ I dari Iul. Alexandro eive ad quem ea res pertinebit, fide rogavit Iul. Alexander, dari fide promisit Alexander Caricci. Id fide sua esse iussit Titius Primitius, die supra scripta sortem cum usuris recte probe solvi.

Actum Alburno maiori, XIII k. Novembr. Rustico II et Aquilino cos.

6. Depositum. (a. 167.)

Vero III Quadrato cons. IIII kal. Iunias X quinquaginta L commendatos Lupus Carentis dixit se accepisse et accepit a Iulio Alexandro, quos ei reddere debet sine ulla contraversia.

Actum Alburno maiori . . .

7. Societas. (a. 167 p. C.)

Inter Cassium Frontinum et Iulium Alexandrum societas danistariae ex X. kal. Ianuarias, quae proximo fuerunt Pudente et Polione cos., in pridie Idus Apriles proximas venturas ita convenit, ut quidquid in ea societati ab re natum fuerit lucrum damnumve acciderit aequis portionibus suscipere debebunt. In qua societate intulit Iulius Alexander numeratos sive in fructo X quingentos, et Secundus Cassi Palumbi servus actor intulit X ducentos sexaginta septem pr . . . tin . . . ssum Alburno . . . debebit. In qua societate si quis dolo malo fraudem fecisse deprehensus fuerit, in asse uno X unum . . . denarium unum X $\overline{\text{XX}}$ . . . alio inferre debebit, et tempore peracto deducto aere alieno sive summam supra scriptam sibi recipere sive, si quod superfuerit, dividere debebunt. Id dari fieri praestarique stipulatus est Cassius Frontinus, spopondit Iul. Alexander. De qua re dua paria tabularum signatae sunt. Item debentur Lossae X L, quos a socis supra scriptis accipere debebit.

Actum Deusare V kal. April. Vero $\overline{\text{III}}$ e Quadrato cos.

8. Locationes.

1. Locatio rerum.

Lex horreorum. (Saec. I—II p. C.)

In horreis Imp. Caes. Aug. locabuntur mercatoribus frumentariis armaria et loca cum operis cellarariorum ex hac die et ex qua posthac convenerit.

Lex horreorum.

Quisquis in annum futurum retinere volet quod conduxit armarium aliudve quid, ante idus Decembres pensione soluta renuntiet. Qui non renuntiaverit, si volet retinere et cum horreario aliter pro insequente anno non transegerit, tanti habebit, quanti eius generis armarium eo anno ibi locari solebit, si modo alii locatum non erit.

Quisquis in his horreis conductum habet, elocandi et substituendi ius non habebit. Invectorum in haec horrea custodia non praestabitur. Quae in his horreis invecta inlata erunt, pignori erunt horreario, si quis pro pensionibus satis ei non fecerit.

Quisquis in his horreis conductum habet et sua . . . fuerit venia.

Quisquis in his horreis conductum habet, pensione soluta chirographo liberabitur . . .

Quisquis habens conductum horreum sua ibi reliquerit et custodi non adsignaverit, horrearius sine culpa erit.

2. Locatio operarum.

Macrino et Celso cos. $\overline{\text{XIII}}$ kal. Iunias Flavius Secundinus scripsi rogatus a Memmio Asclepi, quia se litteras scire negavit, it quod dixsit se locasse et locavit operas suas opere aurario Aurelio Adiutori ex hac die in idus Novembres proximas X septaginta liberisque. Mercedem per tempora accipere debebit. Suas operas sanas valentes edere debebit conductori supra scripto. Quod si invito conductore recedere aut cessare voluerit, dare debebit in dies singulos HS V numeratos . . . Quodsi fluor inpedierit, pro rata conputare debebit. Conductor si tempore peracto mercedem solvendi moram fecerit, eadem poena tenebitur exceptis cessatis tribus.

Actum Immenoso maiori. Titus Beusantis, qui et Bradua. Socratio Socrationis. Memmius Asclepi.

3. **Locatio operis.**

Lex parieti faciendo Puteolana. (105 a. C. n.)

Lex parieti faciendo in area, quae est ante aedem Serapi trans viam: qui redemerit, praedes dato praediaque subsignato duumvirum arbitratu.

In area trans viam paries, qui est propter viam, in eo pariete medio ostiei lumen aperito . . . (folgt genaue Beschreibung der vorzunehmenden Bauarbeiten) . . . Locumque purum pro eo opere reddito. Eidem sacella aras signaque, quae in campo sunt, quae demonstrata erunt, ea omnia tollito deferto componito statuitoque, ubei locus demonstratus erit, duumvirum arbitratu.

Hoc opus omne facito arbitratu duovirum et duoviralium, qui in consilio esse solent Puteoleis, dum ni minus viginti adsient, cum ea res consuletur. Quod eorum viginti iurati probaverint, probum esto; quod ieis inprobarint, inprobum esto. Dies operis: k. Novembr. primeis. Dies pequniae: pars dimidia dabitur, ubei praedia satis subsignata erunt; altera pars dimidia solvetur opere effecto probatoque.

C. Blossius Q. f. HS. cIↃ D, idem praes; Q. Fuficius Q. f., Cn. Tetteius Q. f., C. Granius C. f., Ti. Crassicius.

9. Iura praediorum.

1. P. Faianius Plebeius IIvir iterum aquam ex agro suo in municipium Forum Novom pecunia sua adduxit et lacus omnes fecit et in piscinam, quae in campo est, saliendam curavit idemque probavit. Et cum venditor soli, in quo balneum est, parum cavisset emptori de aqua ut posset in balneo fluere, aquam suam in id balneum, ne carerent commodo municipes, P. Faianius Plebeius dedit.

2. Iter privatum a via publica per hortum, pertinens ad monimentum sive sepulchrum, quod Agathopus Augusti libertus, invitator, vivus et Iunia Epictesis fecerunt. Ab iis omnibus dolus malus abesto et ius civile.

3. Huius monumenti dolus abesto et iurisconsultus. — In hoc monumento iter aditus ambitus libertis libertabusque meis omnibus pateat. Heres clavem dato ad sacrificia facienda quoties quomque opus erit. (Corp. Inscr. Lat. 6 Nr. 12 133.)

10. Superficies.

Aedificium Puteolanum. (Saec. II. p. C.)

IIII non. Septembr. in curia templi basilicae Augusti Annianae. Scribundo adfuerunt: Q. Granius Atticus, M. Stlaccius Albinus, A. Clodius Maximus, M. Amullius Lupus, M. Fabius Firmus. ∾

Quod T. Aufidius Thrasea, Ti. Claudius Quartinus IIviri verba fecerunt de desiderio Laeli Atimeti optimi civis, quid de ea re fieri placeret, de ea re ita censuerunt:

Cum M. Laelius Atimetus, vir probissimus et singulis et universus karus, petierit in ordine nostro, uti solarium aedifici, quod extruit in transitorio, remitteretur sibi ea condicione, ut ad diem vitae eius usus et fructus potestasque aedifici sui ad se pertineret, postea autem rei publicae nostrae esset, placere huic ordini: tam gratam voluntatem optimi civis admitti remittique ei solarium, cum plus ex pietate promissi eius res publica nostra postea consecutara sit.

In curia fuerunt numero LXXXXII.

11. Praediorum obligatio.

Aus der Lex municipalis Malacitana. (a. 81—84 p. C.)

Cap. 60. Ut de pecunia communi municipum caveatur ab is, qui duumviratum quaesturamve petet:

. . . quisque eorum, quo die comitia habebuntur, antequam suffragium feratur arbitratu eius qui ea comitia habebit, praedes in commune municipum dato pecuniam communem eorum, quam in honore suo tractaverit, salvam is fore. Si de ea re is praedibus minus cautum esse videbitur, praedia subsignato arbitratu eiusdem . . .

Cap. 63. De locationibus legibusque locationum proponendis et in tabulas municipi referendis:

Qui IIvir iure dicundo praeerit, vectigalia ultroque tributa, sive quid aliut communi nomine municipum eiius municipi locari oportebit, locato. Quasque locationes fecerit quasque leges dixerit, quanti quit locatum sit et qui praedes accepti sint quaeque praedia subdita subsignata obligatave sint quique praediorum cognitores accepti sint, in tabulas communes municipum eius municipi referantur facito et proposita habeto per omne reliquom tempus honoris sui, ita ut de plano recte legi possint, quo loco decuriones conscriptive proponenda esse censuerint.

12. Fiducia, pignus hypotheca.

1. Verpfändung durch fiducia.

Siehe oben unter Mancipationes Nr. 2. Formel unten Nr. 34.

2. Verpfändung durch pignus und durch hypotheca.

Siehe die Formeln der actio pigneraticia und der actio quasi Serviana unten unter Zivilprozeß 2 B 2, Nr. 31 und 32.

13. Obligationes alimentariae.

1. Obligatio Siccensis.

Municipibus meis Cirthensibus Siccensibus carissimis mihi dare volo HS $\overline{|\text{XIII}|}$. Vestrae fidei committo municipes carissimi, ut ex usuris eius summae quincuncibus quodannis alantur pueri CCC et puellae CC, pueri ab annis tribus ad annos XV et accipiant singuli pueri X IIS menstruos, puellae ab annis tribus ad annos XIII X II. Legi autem debebunt municipes, item incolae, dumtaxat incolae, qui intra continentia coloniae nostrae aedificia morabuntur, quos si vobis videbitur, optimum erit per IIviros cuiusque anni legi; curari autem oportet, ut in locum adulti vel demortui cuiusque statim substituatur, ut semper plenus numerus alatur.

2.

Coloni Lucenses publice professi sunt saltus praediaque Bitunias, sive quo alio vocabulo sunt, pro indiviso pro parte tertia, quae pars fuit C. Atti Nepotis, — et saltus praediaque Velianium vectigalia et non vectigalia, sive alis nominibus vocabulisque sunt, qui sunt in Lucensi et in Veleiate et in Parmense et in Placentino et montibus —, deductis reliquis colonorum et usuris pecuniae et pretis mancipiorum, quae in inemptione (sic) cis cesserunt, habita ratione etiam vectigalium, HS |$\overline{XVI}$| (1600000); accipere debent HS $\overline{CXXVIII}$DCCLXXX (128780) n., et obligare saltus sive praedia, quae supra scripta sunt, deducta parte quarta.

Item obligatio praediorum facta per Cornelium Gallicanum ob HS $\overline{LXXII}$ (72000), ut ex indulgentia optimi maximique principis imp. Caes. Nervae Traiani Augusti Germanici, pueri puellaeque alimenta accipiant; legitimi numero XIIX in singulos HS XVI nummum, fiunt HS $\overline{III}$CCCCLVI (3456), legitima HS XII; fit summa utraque HS $\overline{III}$DC (3600), quae fit usura quincunx summae supra scriptae.

3.

M. Mommeius Persicus professus est praedia rustica in Veleiate et Placenteno, deducto vectigali et eo quod Cornelius Gallicanus obligavit $\overline{X}$ $\overline{CLXXX}$DC (1180600) n., accipere debet HS $\overline{XCIIII}$DCCLXV (94765) n. et obligare fund. Attianum cet.

14. Testamentum.

1. **Gesta de aperiundo testamento.** (a. 474.)

Leone iun. p. p. Aug. sub die prid. nonar. Novembr. Ravennae apud Pompulium Preiecticium iun. et Fl. Proiectum, et iterum magistratus, praesentibus Aelio Marino Commodiano Constantio iun., Veremodio Victore, Popilio Calomnioso et Melminio Cassiano principalibus, Pascasia honesta femina dixit:

„Offero carta testamenti, quod Constantius maritus meus fecit. Peto ut eam suscipi inbeatis. Testibus praesentibus ostendi, ut si signacula vel superscriptiones suas recognoscunt, dignentur edicere; eam resignari praecipiatis, linum incidi, aperiri et per ordinem recitari faciatis, quo voluntas defuncti possit agnosci."

Pompulius Preiecticius iun. et Fl. Proiectus magistratus dixerunt:

„Suscipiatur carta testamenti, quae offertur; testibus praesentibus ostendatur ut, si signacula vel superscriptiones suas recognoscunt, singuli edicere non morentur."

Cumque carta testamenti suscepta fuisset et testibus praesentibus ostensa, Fl. Bonifacius vir devotus, apparitor inlustris praefecti praetorio dixit:

„In hoc testamento interfui. Agnosco signaculum et superscribtionem meam."

. . . Heraclius . . . dixit:

„Ego in hoc testamento interfui, agnosco anuli mei signaculum, superscribtionem meam; sed et infra subscribsi."

Fl. Probacius vir devotus apparitor sedis supra scriptae dixit:

„In hac voluntate interfui. Agnosco signaculum et superscriptionem meam; sed et intrensicus subscribsi."

Et iterum magistratus dixerunt:

„Quid et de aliis testibus, quorum signacula hoc testamento infixa vidimus?"

Fl. Bonifacius, Probacius, Heraclius vvv. ddd. dixerunt:

„Constat una nobiscum Simplicium . . ., qui mortuus est, Exuperium virum honestum, Pamonium virum devotum et Georgio viro devoto, qui absentes sunt, in hoc testamento interfuisse, quorum signacula et superscribtiones recognoscimus."

Magistratus dixerunt:

„Quoniam de agnitis signaculis vel superscribtionibus testium responsio patefecit, nunc carta testamenti resignetur, linum incidatur, aperiatur, et per ordinem recitetur" et inciso lino ex officio recitatum est:

„Fl. Constantius vir honestus, tinctor publicus, procedens sanus sana mente integroque consilio, cogitans condiciones humanas et repentini casus, praesentibus testibus numero competenti, in hac cartula testamentum feci, idque scribendum dictavi Domitio Iohanni forensi, cuique ipse, litteras ignorans, subter manu propria signum feci; quod testamentum meum, si quo casu iure civili seu praetorio vel alia quaelibet iuris ratione valere non potuerit, etiam ab intestato vice codicellorum meorum valere illud volo, hac valeat, ratamque hanc voluntatem meam esse cupio et iubeo: Pascasia, honesta femina, iugalis mea heres mihi esto."

2. **Codicilli a. 175.**

Have mihi, domine pater; vale mihi, domine pater. Cum ad te haec dictarem, infelicissimum te aestimavi, ut eras, cum me hoc mitteres. Peto, ut monumentum mihi facias dignum iuventuti meae. A te peto Eutychianum alumnum meum manumittas vindictaque liberes; item Aprilem servum meum, qui solus ex ministerio meo superavit.

Scripsit XV kal. April. Sirmi L. Calpurnio Pisone, P. Salvio Iuliano cos.

III. Zivilprozeß.

1. Legisactionenprozeß.

A. Ladung.

Zwölftafeln, tab. I: „Si in ius vocat, ito. Ni it, antestamino, igitur em capito. Si calvitur pedemve struit, manum endo iacito. Si morbus aevitasve vitium escit, iumentum dato. Si nolet, arceram ne sternito."

„Assiduo vindex assiduus esto, proletario iam civi, quis volet, vindex esto."

B. Verhandlung.

Zwölftafeln, tab. I: „Rem ubi pacunt orato. Ni pacunt, in comitio aut in foro ante meridiem caussam coiciunto. Com peroranto ambo praesentes. Post meridiem praesenti litem addicito. Si ambo praesentes, solis occasus suprema tempestas esto."

Lex Plaetoria de iurisdictione (circa 242 a. C.): Praetor urbanus, qui nunc est quique posthac fiat, duo lictores apud se habeto usque supremam ad solem occasum iusque inter cives dicito.

C. Arten der Legisactionen.

1. **Legisactio sacramenti.**

Lex Papiria de sacramentis (241—124 v. C.): Quicumque praetor posthac factus erit, qui inter cives ius dicet, tres viros capitales populum rogato, hique tresviri capitales quicumque posthac facti erunt, sacramenta exigunto iudicantoque, eodemque iure sunto, uti ex legibus plebeique scitis exigere iudicareque esseque oportet.

a) L. A. sacr. in rem.

α) bei mobilia, quae in ius adferri possunt.

Gaius IV, 16: ... in iure vindicabantur ad hunc modum: qui vindicabat, festucam tenebat, deinde ipsam rem adprehendebat veluti hominem et ita dicebat:

„hunc ego hominem ex iure Quiritium meum esse aio secundum suam causam. Sicut dixi, ecce tibi, vindictam imposui"

et simul homini festucam imponebat. Adversarius eadem similiter dicebat et faciebat. Cum uterque vindicasset, praetor dicebat:

„mittite ambo hominem."

Illi mittebant. Qui prior vindicaverat, ita alterum interrogabat:

„postulo anne dicas qua ex causa vindicaveris."

Ille respondebat:

„ius feci, sicut vindictam imposui."

Deinde qui prior vindicaverat, dicebat:

„quando tu iniuria vindicavisti, quingentos aeris sacramento te provoco."

Adversarius quoque dicebat similiter:

„et ego te."

Deinde eadem sequebantur quae cum in personam ageretur. Postea praetor secundum alterum eorum „vindicias dicebat", id est interim aliquem possessorem constituebat, eumque iubebat praedes adversario dare „litis et vindiciarum", id est rei et fructuum. Alios autem praedes ipse praetor ab utroque accipiebat sacramenti, quod id in publicum cedebat.

β) bei einem fundus (Cicero, pro Murena c. 12). Actor:

„Fundus qui est in agro, qui Sabinus vocatur, eum ego ex iure Quiritium meum esse aio, inde ibi ego te ex iure manu consertum voco."

Reus:

„Unde tu me ex iure manu consertum vocasti, inde ibi ego te revoco."

Praetor:

„Suis utrisque superstitibus praesentibus istam viam dico. Inite viam. — Redite viam.“

Bringen der Scholle. Alsdann Fortsetzung wie oben: „Hunc ego fundum ex iure Quiritium meum esse aio“ et rel.

b) L. A. sacr. in personam. Unbekannt.

2. **Legisactio per iudicis arbitrive postulationem.**

Valerius Probus: „Quod Numerio Negidio hominem Stichum locavi eius rei iudicem arbitrumve postulo, uti des.“

3. **Legisactio per condictionem.** — Unbekannt.

4. **Legisactio per manus iniectionem.**

Gaius IV, 21.

„Quod tu mihi iudicatus damnatus es sestertium decem milia, quandoc non solvisti, ob eam rem ego tibi sestertium decem milium iudicati manum incio.“

Dazu Zwölftafeln, tab. III:

„Aeris confessi rebusque iure iudicatis XXX dies iusti sunto. Post deinde manus inectio esto. In ius ducito. Ni iudicatum facit aut quis endo eo in iure vindicit, secum ducito, vincito aut nervo aut compedibus XV pondo, ne minore aut si volet maiore vincito. Si volet suo vivoto. Ni suo vivit, qui eum vinctum habebit, libras farris endo dies dato. Si volet plus dato.“

Gellius 20. 1 45: habebantur in vinculis dies sexaginta. Inter eos dies trinis nundinis continuis ad praetorem in comitium producebantur quantaeque pecuniae iudicati essent, praedicabatur. Tertiis autem nundinis capite poenas dabant aut trans Tiberium peregre venum ibant.

„Tertiis nundinis partis secanto. Si plus minusve secuerunt, se fraude esto.“

5. **Legisactio per pignores capionem.** — Unbekannt.

2. Formularprozeß.

A. Texte.

1. Bericht des Gaius IV, 30 über die **Lex Aebutia** (204 bis 126 v. C.) und die **duo legis Juliae** (17 v. C.?).

Sed istae omnes legis actiones paulatim in odium venerunt, namque ex nimia subtilitate veterum qui tunc jura condiderunt eo res perducta est, ut vel qui minimum errasset litem perderet. Itaque per legem Aebutiam et duas Julius sublatae sunt istae legis actiones effectumque est, ut per concepta verba, id est per formulas litigemus. Tantum ex duabus causis permissum est lege agere: damni infecti et si centumvirale judicium futurum est.

2. **Iudicium legitimum und imperio continens.**

Gaius IV, 103—105. Omnia autem iudicia aut legitimo iure consistunt aut imperio continentur. Legitima sunt iudicia, quae in urbe Roma vel intra primum urbis Romae miliarium inter omnes cives Romanos sub uno iudice accipiuntur ... Imperio vero continentur recuperatoria est quae sub uno iudice accipiuntur interveniente peregrini persona iudicis aut litigatoris. In eadem causa sunt, quaecunque extra primum urbis Romae miliarium tam inter cives Romanos quam inter peregrinos accipiuntur. Ideo autem imperio contineri iudicia dicuntur, quia tamdin valent, quamdin is qui ea praecepit imperium habebit.

3. Die **Lex Rubria** de Gallia Cisalpina von 49—42 v. C. enthält die einzigen gesetzlich überlieferten Formeln:

Cap. 20. Qua de re quisque et a quo in Gallia Cisalpina damni infecti ex formula rertipulari satisve accipere volet, et ab eo qui ibi iuri dicundo praeerit postulaverit, idque non calumniae causa se facere iuraverit: tum is, quo de ea re in ius aditum erit, eum, qui in ius eductus erit, de ea re ex formula repromittere et, si satis dari debebit, satis dare iubeto decernito. Qui eorum ita non repromisserit ... tum magistratus ... ita ius dicito iudicia dato iudicareque iubeto cogito, proinde atque si . . . repromissum satisve datum esset. De ea re quod ita iudicium datum iudicareve iussum iudicatumve erit, ius ratumque esto, dum in ea verba, si damni infecti repromissum non erit, iudicium det itaque iudicare iubeat:

> Iudex esto. Si, antequam id iudicium, qua de re agitur, factum est, Q. Licinius damni infecti eo nomine, q. d. r. a., eam stipulationem, quam is qui Romae inter peregrinos ius dicit in albo propositam habet, L. Seio repromisisset: tum quidquid eum Q. Licinium ex ea stipulatione L. Seio dare facere oporteret ex fide bona dumtaxat HS-, eius iudex Q. Licinium L. Seio, si ex decreto IIviri IVviri praefective Mutinensis, quod eius IIvir IVvir praefectusve ex lege Rubria, sive id plebiscitum sit, decreverit, Q. Licinius eo nomine, q. d. r. a., L. Seio damni infecti repromittere noluit, condemnato, si non paret absolvito,

aut si damni infecti satis datum non erit, in ea verba iudicium det . . . (folgt die gleiche Formel mit satisdare statt repromittere) . . .

dum IIvir IVvir iure dicundo praefectusve de ea re ius ita dicat curetve, uti ea nomina et muncipium colonia locus in eo iudicio, quod ex eis quae proxume scripta sunt accipientur includantur concipiantur, quae includi concipi sine dolo malo oporteret debebitve, ne quid ei qui de ea re aget petetve captioni ob eam rem aut eo nomine esse possit: neve ea nomina, quae in earum qua formula, quae supra scripta sunt, aut Mutinam in eo iudicio includi concipi curet, nisi ei, quos inter id iudicium accipietur lisve contestabitur, iis nominibus fuerint, quae in earum qua formula supra scripta sunt, et nisi si Mutinae ea res agetur: neve quis magistratus prove magistratu, neve quis pro quo imperio potestateve erit, intercedito neve quid aliud facito, quominus de ea re ita iudicium detur iudiceturque.

B. Vollständige Formeln.

1. Actiones mit Intentio in ius concepta.

a) Intentio in rem.

Intentio in rem = formula petitoria, petitio, actio in rem. Beispiele:

1. **Vindicatio:** Titius iudex esto. Si paret illam rem (z. B. hominem Stichum, fundum Cornelianum) qua de re agitur, ex iure Quiritium Auli Agerii esse — nisi Numerius Negidius eam rem Aulo Agerio arbitratu tuo restituet, quanti ea res erit, Numerium Negidium Aulo Agerio condemna, si non paret absolve. (Gaius IV, 41, 51.)

2. **Actio confessoria:** Titius iudex esto. Si paret Aulo Agerio ius esse per fundum illum ire agere, quanti ea res erit, Numerium Negidium Aulo Agerio condemna, si non paret absolve. (Lenel § 73.)

3. **Actio negatoria:** Si paret Numerio Negidio ius non esse per fundum illum ire agere invito A°, quanti ea res erit, Numerium Negidium Aulo Agerio condemna, si non paret absolve.

4. **Hereditatis petitio:** Si paret hereditatem, qu. d. a., pro parte illa ex iure Quiritium Auli Ag. esse, nisi ea res arbitrio iudicis Aulo Ag. restituetur, quanti et rel. (Lenel § 66.)

b) Sponsionsverfahren.

5. Zur Vermeidung der actio in rem wird eine obli gatorische sponsio praeiudicialis (auf eine Scheinsumme) abgeschlossen (Gaius IV, 93: Si homo [hereditas] q. d. a. ex iure Quiritium meus est [ius mihi est per fundum illum ire agere] sestertios viginti quinque nummos dare spondes?) und die freiwillige Erfüllung des daraus ergehenden Urteils durch Versprechen des wirklichen Schadensersatzes, stipulatio pro praede litis et vindiciarum, gesichert.

c) Intentio in personam.

a) **Auf ein certum,** intentio iuris civilis certa, condictiones, später actiones stricti iuris.

6. **Condictio certae creditae pecuniae:** Titius iudex esto. Si paret Numerium Neg. Aulo Ag. sestertium decem milia dare oportere, iudex Numerium Neg. Aulo Ag. sestertium decem milia condemna, si non paret absolve. (Gaius IV, 41, 43.)

7. **Condictio de alia certa re s. triticaria:** Si paret Numerium Neg. Aulo Ag. tritici Africani optimi centum modios dare oportere, quanti ea res est, tantam pecuniam Numerium Neg. Aulo Ag. condemna, si non paret absolve. (Lenel § 95.)

8. **Condictio de eo quod certo loco:** Si paret Numerium Aulo decem Ephesi dari oportere, Numerium Aulo decem aut si quid alterutrius interfuit eam pecuniam Ephesi potius quam Romae solvi, tanto pluris minorisve condemna, si non paret absolve. (Lenel § 96.)

b) **Auf ein incertum.** Sie lautet: „quidquid Numerium Neg. Aulo Ag. dare facere oportet". Vorangeschickt wird zur Angabe des Rechtsverhältnisses eine **demonstratio,** z. B. „quod Aulus Ag. Numerio Neg. hominem Stichum vendidit". Sie kommt vor:

α) bei negotia stricti iuris auf ein incertum, z. B.:

9. **actio incerta ex stipulatu:** „Titius iudex esto. Quod A. Agerius de N. Negidio incertum stipulatus est, cuius rei dies fuit, quidquid ob eam rem N. Negidium A. Agerio dare facere oportet et reliqua." (Gaius IV, 41, 60.)

β) bei negotia bonae fidei mit dem Zusatz **„ex fide bona"**, z. B.:

10. **Actio emti:** „Quod A. Agerius de N. Negidio hominem Stichum emit, qua de re agitur, quidquid ob eam rem N. Negidium A. Agerio dare facere oportet ex fide bona, eius, iudex, N. Negidium A. Agerio condemna, si non paret absolve." (Gaius IV, 41.)

11. **Actio venditi:** „Quod A. Agerius N. Negidio hominem Stichum vendidit" usw. wie vorher.

12. **Actio locati:** „Quod A. Agerius N. Negidio fundum (operas, opus faciendum) locavit usw. wie vorher.

13. **Actio conducti:** „Quod A. Agerius de N. Negidio fundum (operas, opus faciendum) conduxit" usw. (Lenel § 111.)

14. **Actio depositi (commodati, pigneraticia) directa:** „Quod A^s apud N^m mensam argenteam deposuit (N^o mensam argenteam commodavit; ob pecuniam debitam pignori dedit) q. d. r. a., quidquid ob eam rem N^m A^o dare facere oportet ex fide bona, eius iudex N^m A^o condemnato, s. n. p., absolvito." (Gaius IV, 47.)

15. **Actio depositi etc. contraria:** „Quod N^s apud A^m mensam argenteam deposuit, q. d. r. a., quidquid ob e. r. N^m A^o d. f. o. e. f. b., eius iudex N^m A^o condemnato, nisi restituat s. n. p., absolvito.

16. **Actio mandati directa:** „Quod A^s N^o mandavit, ut . . ., quidquid" usw. wie vorher. (Lenel § 108.)

17. **Actio mandati contraria:** „Quod N^s A^o mandavit, ut . . ., quidquid ob eam rem alterum alteri dare facere oportet" usw. wie vorher.

18. **Actio negotiorum gestorum directa:** „Quod N^s negotia A^s gessit, quidquid" wie vorher. (Lenel § 35.)

19. **Actio contraria dazu:** „Quod A^s negotia N^i gessit, quidquid" usw.

20. **Actio pro socio:** „Quod A^s cum N^o societatem omnium bonorum coiit, quidquid o. e. r. N^m A^o (alterum alteri) dare facere praestare oportet ex f. b., dumtaxat quod N^s facere potest, eius, iudex, N^m A^o c., s. n. p. a." (Lenel § 109.)

21. **Actio communi dividundo:** „Quod L. Titius C. Seius de communi dividundo et si quid in communi damni datum factumve sit sive eo nomine aut absit eorum cui aut ad eorum quem pervenerit, iudicem sibi dari postulaverunt: quantum . . . adiudicari oportet, iudex . . . adiudicato: quidquid ob eam rem alterum alteri praestare oportet ex fide bona, eius iudex, alterum alteri c., s. n. p. a." (Lenel § 81.)

22. **Actio familiae erciscundae:** „Quod Lucii Titii heredes de familia erciscunda deque eo, quod in ea

hereditate ab eorum quo, postea quam heres factus sit gestum admissumve sit, iudicem sibi dari postulaverunt, quantum adiudicari oportet, iudex Titio adiudicato, quidquid o. e. r. alterum alteri praestare oportet ex f. b., eius, iudex, alterum alteri c., s. n. p. a." (Lenel § 80.)

23. **Actio rei uxoriae:** S. p. N^m A^{ae} dotem partemve eius reddere oportere, quod eius melius aequius erit, eius iudex N^m A^o c., s. n. p. a." (Lenel § 113.)

24. **Actio tutelae directa (contraria):** „Quod N^s A^i (A^s N^i) tutelam gessit, quidquid et rel." (Lenel § 124.)

c) **A c t i o n e s   e x   d e l i c t o.**

25. **Actio furti nec manifesti.** S. p. A^o a N^o opeve consilio N^i furtum factum esse paterae aureae sestertium decem milium plurisve, qua de re agitur, quam ob rem N^m pro fure damnum decidere oportet, quanti ea res fuit, cum furtum factum est, tantae pecuniae duplum, iudex, N^m A^o c., s. n. p. a." (Lenel § 128.)

26. **Actio iniuriarum.** L. S. T. recuperatores sunto. Quod a N^o A^o pugno mala percussa est, q. d. r. a., quantam pecuniam vobis bonum aequum videbitur o. e. r. N^m A^o condemnari, tantam pecuniam, dumtaxat H S X M, si non plus quam annus est, cum de ea re experiundi potestas fuit (exceptio annalis), recuperatores, N^m A c., s. n. p. a. (Lenel § 190.)

27. **Actio damni iniuria dati adversus infitiantem.** S. p. N^m illum servum iniuria occidisse, quam ob rem, quanti is servus in eo anno plurimi fuit, tantam pecuniam N^m A^o dare oportet, tantam pecuniam duplam, iudex, N^m A^o c., s. n. p. a. (Lenel § 77.)

28. **Actio de pauperie.** S. p. quadrupedem pauperiem fecisse, qua de re agitur, q. o. r. N^m A^o aut noxiam sarcire aut in noxam dedere oportet, quanti ea res est, tantam pecuniam aut in noxam dedere, iudex N^m A^o c., s. n. p. a. (Lenel § 75.)

2. Actiones mit Intentio in factum concepta.

Beispiele:

29. **De in ius vocando:** „Titius Maevius Octavius recuperatores sunto. Si paret illum patronum ab illo liberto contra edictum illius praetoris in ius vocatum esse, recuperatores illum libertum illi patrono sestertium decem milia condemnate, si non paret, absolvite.“ (Gaius IV, 46.)

30. **Actio quod metus causa.** S. p. metus causa A^m fundum q. d. a. N^o mancipio dedisse neque plus quam annus est, cum experiundi potestas fuit, neque ea res arbitrio tuo restituetur, quanti ea res erit, tantae pecuniae quadruplum, iudex, N^m A^o c., s. n. p. a. (Lenel § 39.)

31. **Actio doli.** S. p. dolo malo N^i factum esse, ut A^s N^o fundum mancipio daret, neque plus quam usw., wie vorher, aber ohne quadruplum. (Lenel § 40.)

32. **Actio pigneraticia.** S. p. A^m N^o rem, qua de agitur, ob pecuniam debitam pignori dedisse eamque pecuniam solutam eove nomine satisfactum esse aut per N^m stetisse, quo minus solveretur, eamque rem A^o redditam non esse quanti ea res erit, et rel. (Lenel § 99.)

33. **Actio quasi Serviana.** S. p. inter A. Agerium et L. Titium convenisse, ut ea res, qu. d. a., A. Agerio pignori hypothecaeve esset propter pecuniam debitam, — eamque rem tum, cum conveniebat, in bonis L. Titii fuisse, — eamque pecuniam neque solutam, neque eo nomine satisfactum esse neque per A. Agerium stare, quominus solvatur, — nisi ea res arbitratu tuo restituetur, — quanti ea res erit, tantam pecuniam iudex N. Negidium A. Agerio condemna, si non paret absolve. (Lenel § 267.)

34. **Actio fiduciae.** S. p. A^m N^o fundum q. d. a. ob pecuniam debitam fiduciae causa mancipio dedisse eamque pecuniam solutam eove nomine satisfactum esse aut per N^m stetisse quominus solveretur eumque fundum redditum non esse negotiumve ita actum non esse, ut inter bonos bene agier oportet et sine fraudatione, q. e. r. e., tantam p. et rel. (Lenel § 107.)

35. **Actio de pecunia constituta (recepticia).** S. p. N^{m} A^{o} HS X M constituisse se soluturum eove nomine se satisfacturum esse, q. e. r. e., tantam p. et rel. (Lenel § 97.)

36. **Actio de recepto.** S. p. N^{m}, cum navem exerceret, A^{i} res q. d. a, salvas fore recepisse neque restituisse, q. e. r. e., tantam p. et. rel. (Lenel § 49.)

37. **Actio in factum adversus nautas caupones stabularios.** S. p. in nave (caupona, stabulo), quam (quod) N^{s} tum exercebat, N^{m} eumve, quem N^{s} eius navis navigandae (eius cauponae exercendae, eius stabuli exercendi) causa ibi tum habuit (qui habitandi causa ibi tum fuit), A^{o} damnum iniuria dedisse, q. d. r. a., quanti ea res in eo anno plurimi (in diebus triginta proximis) fuit tantam pecuniam duplam, iudex, N^{m} A^{o} c., s. n. p. a. (Lenel § 78.)

3. Actiones in doppelter Gestalt.

Z. B. die actio depositi:

38. **Mit intentio in ius concepta:** ..Iudex esto. Quod A. Agerius apud N. Negidium mensam argenteam deposuit, qua de re agitur, quidquid ob eam rem N. Negidium A. Agerio dare facere oportet ex fide bona, — eius iudex N. Negidium A. Agerio condemnato nisi restituat, si non paret absolvito." (Gaius IV, 47.)

39. **Mit intentio in factum concepta:** „Iudex esto. Si paret A. Agerius apud N. Negidium mensam argenteam deposuisse eamque dolo malo N. Negidii A. Agerio redditam non esse, — quanti ea res erit, tantam pecuniam N. Negidium A. Agerio condemna, si non paret absolve." (Gaius IV, 47.)

4. Actiones ficticiae.

Zur Abkürzung dienen **Fictionen,** z. B.:

40. **Actio des bloß prätorischen Erben:** „Si A. Agerius L. Titio heres esset, tum si eum fundum, de quo agitur, ex iure Quiritium eius esse oporteret — nisi N. Negidius eam rem A. Agerio arbitratu tuo restituet, quanti ea res erit, N. Negidium A. Agerio condemna, si non paret absolve"

oder bei einer persönlichen Klage „Si A. Agerius L. Titio heres esset, tum si pareret N. Negidium A. Agerio sestertium decem milia dare oportere, iudex N. Negidium A. Agerio sestertium decem milia condemna, si non paret absolve." (Gaius IV, 34.)

41. **Actio Publiciana:** „Si quem hominem A. Agerius emit et is ei traditus est, anno possedisset, — tum si eum hominem eius ex iure Quiritium esse oporteret, — si is homo A. Agerio arbitratu tuo non restituetur, — quanti ea res est, tantam pecuniam N. Negidium A. Agerio condemna, si non paret absolve." (Gaius IV, 36.)

42. **Diebstahlsklage gegen einen Peregrinen:** „Si paret L. Titio ope consiliove Dionis Hermaei Filii furtum factum esse paterae aureae, — quam ob rem eum, si civis Romanus esset, pro fure damnum decidere oporteret, — quanti ea res fuit, cum furtum factum est, tantae pecuniae duplum iudex Dionem Titio condemna, si non paret absolve." (Gaius IV, 37.)

5. Actiones mit Subjektsumstellung.

Vermeidung der Fiktion und noch weitere Vereinfachung der Formel liegt in der sog. subjektiven **Umstellung der Personen,** z. B.:

43. **Actio Serviana,** ältere Form der Klage eines bonorum emtor: „Si A. Agerius (bonorum emtor) L. Titio (Gemeinschuldner) heres esset, tum si pareret N. Negidium A. Agerio sestertium decem milia dare oportere, iudex N. Negidium A. Agerio decem milia condemna."

44. **Actio Rutiliana,** spätere Form dieser Klage: Si paret Numerium (Drittschuldner) Titio (Gemeinschuldner) decem dare oportere, iudex Numerium Agerio (bonorum emtor) c., s. n. p. a. (Gaius IV, 35.)

Ferner bei den **actiones adiecticiae qualitatis** z. B.:

45. **Actio quod iussu.** Quod iussu N^{i} A^{s} Gaio, cum is in potestate N^{i} esset, togam vendidit, quidquid o. e. r. **Gaium** filium A^{o} d. f. o. ex fide bona, eius **Numerium Negidium** patrem A^{o} c., s. n. p. a. (Lenel § 104.)

46. **Actio de peculio et de in rem verso.** Quod A^s apud Stichum, qui in potestate N^i est, mensam argenteam deposuit, q. d. r. a., quidquid o. e. r. **Stichum,** si liber esset ex i. Q., A^o d. f. oporteret e. f. b. eius, iudex **Numerium Negidium** A^o dumtaxat de peculio et si quid dolo malo N^i factum est, quominus peculii esset, vel si quid in rem N^i inde versum est, c., s. n. p. a. (Lenel § 104.)

47. **Actio institoria (exercitoria).** Quod A^s de Lucio Titio, cum is a N^o tabernae instructae (navi) praepositus esset, eius rei nomine decem pondo olei emit, quidquid o. e. r. **Lucium Titium** A^o dare f. o. e. f. b., eius iudex **Numerium Negidium** A^o c., s. n. p. a. (Lenel § 102.)

Ferner bei **Vertretung:**

48. Si paret Numerium Mevio (Gläubiger) sestertium decem milia dare oportere, iudex Numerio Titio procuratori sestertium decem milia condemna. (Gaius IV, 86.)

C. Die einzelnen Formelbestandteile.

1. **Iudicis datio.** — Titius iudex esto. — Titius arbiter esto. — Titius Octavius Sempronius recuperatores sunto.

2. **Intentio:** Arten siehe zu B — in ius B 1 — in rem B 1 a — in personam certa (si paret) B 1 Nr. 6 — incerta (quidquid paret) B 1 Nr. 9 — in factum B 2 — in doppelter Gestalt B 3 — ficticia B 4 — mit Umstellung B 5.

3. **Demonstratio** bei intentio incerta zur Bezeichnung des Rechtsverhältnisses I 1 c b.

4. **Condemnatio:** si paret condemna, si non paret absolve

a) **certa.** Beispiel B 1 c Nr. 6.
Auch bei intentio in factum concepta möglich. Beispiel B 2 Nr. 29.

b) **incerta** (et infinita). Auch bei intentio certa möglich. Beispiel B I c Nr. 7.
Bei intentio incerta: Beispiel B I c Nr. 10.

c) **cum taxatione** (c. finita). Begrenzung der Summe: „iudex Negidium Agerio dumtaxat sestertium decem milia condemna, si non paret. absolve."

Auch durch Hinweis auf ein bestimmtes Verhältnis, wie „dumtaxat de peculio" oder „dumtaxat quod in rem Numerii versum est" oder „dumtaxat quanto locupletior factus est" oder „dumtaxat quantum facere potest".

d) **bei actiones arbitrariae.** Sog. **Arbitrarklausel:** „nisi eam rem arbitratu tuo restituet."

Stellung vor der condemnatio: Beispiel B 1 a Nr. I.
Stellung in der condemnatio: Beispiel oben B 1 c Nr. 15.

5. **Adiudicatio:** bei den Teilungsklagen siehe oben B 1 c Nr. 21, 22.

6. **Pronuntiatio:** bei Präjudizial- (Feststellungs-) Klagen:

49. An Pamphilus libertus A[i] (ingenuus, liber?) sit, iudex pronuntia. (Lenel § 178.)

7. **Compensatio:** z. B. condictio certi eines argentarius:

50. Si paret N[m] A[o] argentario sestertium decem milia dare oportere amplius quam A[s] N[o] debet, N[m] A[o] c., s. n. p. a. (Gaius IV, 64.)

8. **Deductio.** 51. „Si paret Numerium Titio decem dare oportere, tantam pecuniam iudex deducto eo, quod invicem Titius Numerio debet, Numerium Aulo (bonorum emtori) condemna." (Gaius IV, 65.)

9. **Exceptio.**

Fassung:

Ursprünglich Ausnahme von der Condemnatio: „extra quam si quid ita factum sit, uti de lege fieri licuit." Später negative Bedingung der condemnatio: **„si non** ea res vendita ac tradita est", **„ac si non** ea causa sint tabulae testamenti ut contra eas bonorum possessio dari possit."

Auch affirmative Fassung: „si res quam emerit, tradita est" statt „si non ea res — tradita non est".

Beispiele:

52. **pacti.** si inter A[m] e. N[m] non convenit, ne ea pecunia (intra quinquennium) peteretur. (Gaius IV, 119.)

53. **mercis non traditae.** si ea pecunia, q. d. a., non pro ea re petitur, quae venit neque tradita est.

54. **rei vendit. et tradit.** si non A^s fundum, q. d. a., N^o vendidit et tradidit.

55. si in ea re nihil **contra legem** (Cinciam, Plaetoriam) **senatusve cons.** factum est. (Lenel § 279.)

56. si in ea re nihil **dolo malo** A^i factum sit neque fiat. (Gaius IV, 119.)

57. si non plus quam annus est, cum experiundi potestas fuit.

58. si ea res qu. d. a. iudicata inve iudicium deducta non est. (Lenel § 275.)

10. **Replicatio.**

Exceptio: „si non inter A^m et N^m convenit, ne ea pecunia peteretur." Replicatio: „si non postea convenit, ut Aulo eam pecuniam petere liceret." (Gaius IV, 119.)

Bei Verkauf in der Auktion: Exceptio: „si ei res quam emerit, tradita est." Replicatio: „aut si praedictum est, ne aliter emptori res traderetur, quam si pretium solverit. (Gaius IV, 126.)

11. **Praescriptiones.**

a) **Pro actore**

α) als Zusatz zur demonstratio. Beispiele:

„Ea res agatur de fundo mancipando. Quod Aulus de Numerio fundum Cornelianum emit et rel. (Oben B 1 c Nr. 10.) (Gaius IV, 131 a.)

„Ea res agatur cuius rei dies fuit. Quod Aulus de Numerio incertum stipulatus est, quidquid et rel." (Oben B 1 c Nr. 9.) Gaius IV, 131, 136.)

β) als Ersatz der demonstratio, vor allem bei den actiones praescriptis verbis, Beispiel:

59. „Ea res agatur quod Aulus Numerio centum ea lege dedit ut Stichum servum suum manumitteret, quidquid paret ob eam rem Numerium dare facere oportere et rel."

Ferner Klage gegen den Sponsor:

60. „Ea res agatur, quod A^s de Titio (Hauptschuldner) incertum stipulatus est, quo nomine N^s sponsor est, cuius rei dies fuit et rel." (Gaius IV, 137.)

Klage gegen den Fidejussor:

61. „Ea res agatur, quod N[s] pro Titio incertum fide sua esse, iussit, cuius rei dies fuit et rel." (Gaius IV, 137.)

b) **Pro reo.** Beispiel:

„Ea res agatur, quod in ea re praeiudicium hereditati non fiat." (Gaius IV, 133.)

D. Interdicta.

62. **Uti** eas aedes q. d. a. nec vi nec clam nec precario alter ab altero possidetis, quominus ita possideatis, vim fieri veto. (l. 1 D. 43, 17.)

63. **Utrubi** hic homo q. d. a. maiore parte huiusce anni nec v. n. c. n. p. ab altero fuit, quominus is eum ducat v. f. v.

64. **Unde in hoc anno tu illum vi deiecisti aut familia tua deiecit, cum ille possideret, quod nec vi nec clam nec** precario a te possideret, eo illum quaeque ille tunc ibi habuit restituas. (l. 1 D. 43, 16.)

65. **Quod vi aut clam** factum est, q. d. r. a., id, si non plus quam annus est, cum experiundi potestas est, restituas. (l. 1 D. 43, 24.)

66. Quod **precario** ab illo **habes aut** dolo malo fecisti, ut desineres habere, q. d. r. a., id illi restituas. (l. 2 D. 43, 26.)

67. Quo **itinere actuque** q. d. a. hoc anno nec v. n. c. n. p. ab illo usus es, quominus ita utaris v. f. v. (l. 1 D. 43, 19.)

68. Quem **liberum** dolo malo retines, **exhibeas.** (l. 1 D. 43, 29.)

69. **Quorum bonorum** ex edicto meo illi possessio data est, quod de his bonis pro herede aut pro possessore possides possideresve, si nihil usucaptum esset, quodque dolo malo fecisti, uti desineres possidere, id illi restituas. (l. 1 D. 43, 2.)

70. **Quod** de his bonis, quorum possessio, ex edicto meo illi data est, **legatorum** nomine non voluntate illius possides quodque dolo malo fecisti quod minus possideres, id, si eo nomine satisdatum est sive per illum non stat ut satisdaretur, illi restituas. (Lenel § 228.)

E. Stipulationes praetoriae.

71. **Ratam rem habere.** Quo nomine mecum acturus es, eo nomine amplius non esse petiturum eum, cuius de ea re actio petitio persecutio est erit, ratamque rem habiturum esse Lucium Titium heredemve eius eumve ad quem ea res pertinebit dolumque malum huic rei abesse afuturumque esse, quod si ita factum non erit sive quid adversus ea factum erit, quanti ea res erit, tantam pecuniam dari spondesne? spondeo. (Lenel § 289.)

72. **Iudicatum solvi.** Qua de re ego tecum acturus sum quantam pecuniam ob eam rem iudicatus eris, tantam pecuniam dari eamque rem boni viri arbitratu defendi, quod si ita non defendetur, quanti ea res erit tantam pecuniam dari dolumque malum huic rei abesse afuturumque esse spondesne? spondeo. (Lenel § 282.)

73. **Usufructuria.** Cuius rei ususfructus testamento Lucii Titii tibi legatus est, ea re boni viri arbitratu usurum fruiturum te et, cum ususfructus ad te pertinere desinet, id quod inde exstabit restitutum iri dolumque malum abesse afuturumque esse spondesne? spondeo. (Lenel § 286.)

74. **Legatorum servandorum causa.** Quidquid mihi heredive meo legatorum nomine ex testamento Lucii Titii dari fieri oportet oportebit, id, quibus diebus Lucius Titus dari fieri voluit, his diebus dari fieri dolumque malum abesse afuturumque esse spondesne? spondeo. (Lenel § 287.)

F. Datio cognitoris.

75. Quod ego a te fundum peto, in eam rem L. Titium tibi cognitorem do. — Quia tu a me fundum petis, in eam rem tibi P. Mevium cognitorem do. (Gaius IV, 83.)

76. Quod ego tecum agere volo, in eam rem et rel. Quia tu mecum agere vis, in et rel.

FSC
www.fsc.org
MIX
Papier | Fördert gute Waldnutzung
FSC® C083411

Kolibri 360 GmbH
Ferdinand-Jühlke-Straße 7
99095 Erfurt, Deutschland
produktsicherheit@kolibri360.de